CATALOGUE

DES ŒUVRES

DE

CARRIER-BELLEUSE

MARBRES

ET

TERRES CUITES

DONT LA VENTE AURA LIEU

HOTEL DROUOT, GRANDE SALLE N° 1

Le Vendredi 4 Juin 1875

A DEUX HEURES

COMMISSAIRE-PRISEUR	EXPERT
Me CHARLES OUDART	M. ÉMILE BARRE
31, rue Le Peletier	20, Chaussée-d'Antin

EXPOSITIONS

PARTICULIÈRE	PUBLIQUE
Le Mercredi 2 Juin 1875	Le Jeudi 3 Juin 1875

DE 1 HEURE 1/2 A 5 HEURES 1/2

MARBRES

DÉSIGNATION

GROUPES

1. — Hercule et Omphale.

Haut., 0^m,80.

2. — Mars et Vénus.

Haut., 0^m,80.

3. — Les Deux Amours.

Haut., 0^m,80.

4. — La Confidence.

Haut., 0^m,80.

5. — L'Enlèvement.

Haut., 0^m,85.

6. — Baiser d'amour.

Haut., 0^m,60.

7. — L'Amour désarmé.

Haut., 0m,75.

8. — La Tempérance.

Haut., 0m,80.

9. — L'Innocence veille l'Amour.

Haut., 0m,45. Larg., 0m,60.

10. — La Chatte.

Haut., 0m,85.

11. — Le Réveil.

Haut., 1m,00.

12. — Les Heures (corbeille).

Haut., 0m,75.

STATUETTES

13. — Ondine.

Haut., 1^m,00.

14. — Hygia.

Haut., 0^m,75.

15. — Printemps.

Haut., 0^m,80.

16. — Érigone.

Haut., 0^m,80.

17. — Le Nid.

Haut., 0^m,60.

18. — Angélique.

Haut., 0^m,70.

19. — Psyché.

Haut., 0^m,65.

20. — Bonne Saison.

Haut., 0^m,65.

21. — L'Harmonie.

Haut., 0^m,70. Larg., 0^m,80.

22. — Deux Enfants (support).

Haut., 0^m,50.

23. — Liseuse.

Haut., 0^m,80.

BUSTES

---

24. — La Soucieuse.

Haut., 0m,75.

25. — L'Éveillé.

Haut., 0m,75.

26. — Le Boudeur.

Haut., 0m,40.

27. — La Rieuse.

Haut., 0m,40.

28. — Rose de mai.

Haut., 0m,8

29. — Margaretta.

Haut., 0m,80.

*

30\. — Printemps.

Haut., 0^m,60.

31\. — Automne.

Haut., 0^m,60.

32\. — Souvenirs.

Haut., 0^m,50.

33\. — Regrets.

Haut., 0^m,50.

34\. — Lys.

Haut., 0^m,50.

35\. — Narcisse.

Haut., 0^m,50.

36\. — Fleurs de printemps.

Haut., 0^m,60.

37\. — Fleurs d'été.

Haut., 0^m,60.

38. — Fleurs d'automne.

Haut., $0^{m},60$.

39. — Fleurs d'hiver.

Haut., $0^{m},60$.

30. — Raphaël.

Haut., $0^{m},70$.

41. — Michel-Ange.

Haut., $0^{m},70$.

Nota. — Toutes ces œuvres sont exécutées en marbre choisi de *Crestola*.

TERRES CUITES

GROUPES

42. — Les Heures (pendule).

43. — L'Amour désarmé.

44. — La Tempérance.

45. — La Confidence.

46. — Les Deux Amours.

47. — L'Innocence persécutée.

48. — L'Enlèvement.

49. — L'Offrande à Bacchus.

50. — Bacchante au Terme.

51. — Danseuse italienne.

52. — Bacchanale.

53. — Triton et Bacchante.

54. — Léda.

STATUETTES

---

55. — L'Angélique.

56. — Nourrice italienne.

57. — Pasteur italien.

58. — Bonne Saison.

59. — Deux Enfants (support).

60. — Le Nid.

61. — L'Amazone.

62. — La Toilette.

63. — La Nuit.

BUSTES

64. — Rembrandt.

65. — Albert Durer.

66. — Dante.

67. — Souvenirs.

68. — Regrets.

69. — Lys.

70. — Marie-Antoinette.

71. — Mme de Lamballe.

72. — Beethoven.

73. — Mozart.

74. — Boudeur.

75. — Rieuse.

BUSTES ORIGINAUX

76. — Fatma.

77. — Grande Marquise.

78. — Fleur du soir.

79. — La Vigne.

80. — Vénitienne.

81. — Fleur des champs.

82. — Printemps.

83. — Été.

84. — Automne.

85. — Hiver.

86. — Alice de Nevers.

87. — Annunziata.

88. — Belle-de-Nuit.

89. — Italienne (étude).

90. — Florentine.

91. — Flora.

92. — Après le bal.

93. — L'Iris.

94. — Le Roseau.

95. — Fleur de lys.

96. — Coquelicot.

97. — Milanaise.

98. — Gretchen.

99. — Éblée.

100. — Boule-de-neige.

101. — Malvina.

102. — La Marguerite.

103. — Fiancée villageoise.

104. — Fiorella.

105. — Rose Pompon.

PARIS. — J. CLAYE, IMPRIMEUR, 7, RUE SAINT-BENOIT. — [1044]

www.ingramcontent.com/pod-product-compliance
Ingram Content Group UK Ltd.
Pitfield, Milton Keynes, MK11 3LW, UK
UKHW031705170726
13836UKWH00001B/50